BEI GRIN MACHT SICH IHR WISSEN BEZAHLT

Sebastian Sperber

Die Entwicklung der Energiepreise im Weltmarktkontext am Beispiel von Erdöl

GRIN Verlag

Bibliografische Information der Deutschen Nationalbibliothek:

Die Deutsche Bibliothek verzeichnet diese Publikation in der Deutschen National-
bibliografie; detaillierte bibliografische Daten sind im Internet über http://dnb.d-
nb.de/ abrufbar.

Impressum:

Copyright © 2014 GRIN Verlag GmbH
Druck und Bindung: Books on Demand GmbH, Norderstedt Germany
ISBN: 978-3-656-74541-9

Dieses Buch bei GRIN:

http://www.grin.com/de/e-book/280805/die-entwicklung-der-energiepreise-im-
weltmarktkontext-am-beispiel-von-erdoel

Die Entwicklung der Energiepreise am Beispiel von Erdöl – im Weltmarktkontext

Seminararbeit zum Studienschwerpunkt

vorgelegt von

Nino Pöller

Sebastian Sperber

Angefertigt im Studiengang Bachelor of Science (B.S.) in
Technischer Betriebswirtschaftslehre an der

Hochschule Merseburg,

Fachbereich Wirtschaftswissenschaften

Wintersemester 2014 / 2015

Inhaltsverzeichnis

Inhaltsverzeichnis.. I

Abbildungsverzeichnis II

Tabellenverzeichnis...III

Abkürzungsverzeichnis IV

1.   Einleitung IV

2.   Das Erdöl.. 6
2.1 Definition.. 6
2.2 Allgemeine Daten 6
2.3 Vorkommen. 6
2.4 Verwendung 6
2.5 Suche nach Erdöl 7

3.   Die Energiepreise 8
3.1 Definition.. 8
3.2 Veränderung auf dem Weltmarkt (Zeitraum 1995 – 2030)........... 8
3.3 Beispiel Tankstelle in Deutschland 10
3.3.1 Steuern und Abgaben für Kunden 10
3.3.2 Unterschiede zwischen Tankstellen 11
3.4 Aussicht..11

4.   Fazit / Zusammenfassung....................................12
4.1 Erdölförderung..12
4.2 Vorteile und Nachteile von Erdöl 13
4.3 Alternativen zum Erdöl...14
4.4 Energiepreise für Erdöl in der Zukunft 15

Anhang VI

Literaturverzeichnis... VII

Abbildungsverzeichnis

Abbildung 2-1 Darstellung eines Bohrturmes 7

Abbildung 3-1 Reale Preise für Erdöl 1995 – 2030, in EUR(2000)/GJ..... 9

Abbildung 3-2 Preisindizes, Einfuhrpreise Erdöl 2010 = 100 9

Abbildung 3-3 Preisanteile bei 154,9 Cent/l Superbenzin 10

Abbildung 4-1 Beispiel einer Ölplattform...12

Abbildung 4-2 Beispiel Windenergie 14

Abbildung 4-3 Peak Oil Barometer, Szenarien (2014 - 2019)...............15

Abbildung 4-4 2 mögliche Szenarien (1987 – 2040)...........................16

Abbildung 4-5 Hochsee-Windpark VI

Abbildung 4-6 Wasserkraft VI

Tabellenverzeichnis

Tabelle 4-1 Pro und Contra 13

Abkürzungsverzeichnis

AG	Aktiengesellschaft
GJ	Gigajoule
Gt	Gigatonne
GUS	Gemeinschaft Unabhängiger Staaten
L	Liter
Mb/d	One thousand barrels of oil per day
Non	Nicht
OPEC	Organization of the Petroleum Exporting Countries
IEA	Internationale Energieagentur
EIA	Energy Information Administration

1. Einleitung

Das Thema „ Die Entwicklung der Energiepreise am Beispiel für Erdöl am Weltmarktkontext" hat in den letzten Jahren an Bedeutung gewonnen. Da es ein Fossiler Energieträger ist und dadurch nicht unbegrenzt zur Verfügung steht, gewinnen Alternativen an Attraktivität. Weiterhin ist Erdöl aber ein sehr wichtiger Rohstoff auf dem Weltmarkt.

Bezüglich der Fachliteratur haben wir nur Quellen aus dem Internet verwendet, da dieses Thema sehr aktuell ist.

2. Das Erdöl

2.1 Definition

Erdöl ist ein komplexes Gemisch welches aus verschiedenen kettenförmigen, ringförmigen und aromatischen Kohlenwasserstoffen besteht[1].

2.2 Allgemeine Daten

Erdöl ist in der Erdkruste eingelagert und ist ein lipophiles (Wasser abstoßend) Stoffgemisch. Außerdem ist Erdöl der derzeit wichtigste Rohstoff der modernen Industrie. Erdöl dient zur Herstellung von Treibstoff und hat für die chemische Industrie eine besondere wirtschaftliche Bedeutung. Zudem ist Rohöl mit mehr als 17.000 Bestandteilen die komplexeste Mischung Organischer Stoffe auf der Erde[2].

2.3 Vorkommen.

Erdöl kommt im Sedimentgestein (Ton, Kalk und Sandstein) vor und in sekundären Lagerstätten (80%).Sekundäre Lagerstätten werden auch „Ölfallen" genannt, weil das Öl vom Gestein am weiterfließen gehindert wird[3].

2.4 Verwendung

Erdöl wird als Kraftstoff für Fahrzeuge (Benzin und Diesel) verwendet aber auch als Heizgas bzw. Heizöl.

Weitere Verwendungsmöglichkeiten sind:

➢ Straßenteer
➢ Schmierstoffe in Motoren und Getrieben
➢ Anstrichstoffe
➢ Für Kraftwerke und Schiffsmotoren als Heizöl[4]

---

[1] Vgl., http://www.bgr.de/rohstoffportal_sgd/energierohstoffe_erdoel_erdgas.shtml,08.09.14
[2] Vgl., http://www.technikatlas.de/~tb5/link1_erdoel_allgemein.htm,08.09.14
[3] Vgl., http://www.erdoel-vereinigung.ch/UserContent/Shop/Erd%C3%B6l%20-%20Entste hung.pdf,09.09.14
[4] Vgl., http://www.planet-wissen.de/natur_technik/energie/erdoel/,09.09.14

2.5 Suche nach Erdöl

Es gibt zwei Wege um nach Erdöl zu suchen. Der erste Weg ist das „künstliche Erbeben. Dabei wird die Geophysik angewendet, sobald Schwingungen auf das brüchige Gestein treffen und sich dabei verändern. Somit könnte es eine Lagerstätte für Erdöl sein. Der zweite Weg ist der „Methanaustritt". Hier befinden sich die Erdöllagerstätten nahe an der Erdoberfläche. In Erdspalten tritt das Methan aus aber nicht überall dort wo dieses Phänomen stattfindet, gibt es tatsächlich ein Erdölvorkommen[5].

Abbildung 2-1 Darstellung eines Bohrturmes[6]

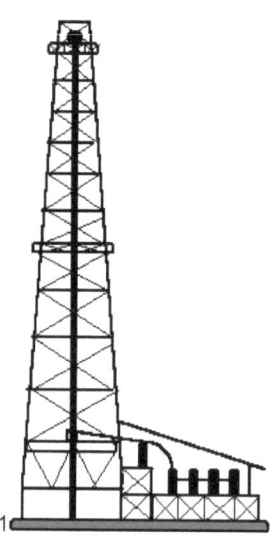

[5] Vgl., http://www.seilnacht.com/Lexikon/erdoel.html,09.09.14
[6] Vgl., http://www.seilnacht.com/Lexikon/erdoel.html,10.09.14

3. Die Energiepreise

3.1 Definition

Das Wort „Energiepreis" besteht zum ersten aus 2 Wortteilen, zum einen „Energie" und zum anderen „Preis". Energie heißt „Wirksamkeit" und bedeutet im Allgemeinen die Fähigkeit, Arbeit zu verrichten. Der „Preis" bezeichnet den in Geldeinheiten ausgedrückten Tauschwert eines Gutes. Er trägt auch die Dimension Geldeinheit pro Mengeneinheit (z.B. Euro pro Stück).Den Energiepreis kann man auch mit dem Synonym „Energiekosten" bezeichnen. Dazu zählt man die Kosten für Strom, Gas, Dampf, Wasser und sonstige Brenn- und Treibstoffe[7].

3.2 Veränderung auf dem Weltmarkt (Zeitraum 1995 – 2030)

Die Energiepreise auf dem Weltmarkt sind seit 1970 in Deutschland angestiegen. Dies ist auf die Veränderung des Wechselkurses gegenüber dem US-$ eingeschränkt wurden. Der Wechselkurs wird sich nach der Einschätzung der Autoren von dem Buch[8] wenig verändern. Auf lange Sicht werden sich die Energiepreise auf dem Weltmarkt stärker auf Deutschland auswirken als in der Vergangenheit[9].

---

[7] Vgl., http://wirtschaftslexikon.gabler.de/Definition/preis.html,10.09.14
[8] Vgl., Oldenburg Industrieverlag Die Entwicklung der Energiemärkte bis zum Jahr 2030, (2005)
[9] Vgl., https://www.destatis.de/DE/Publikationen/Thematisch/Preise/Energiepreise/Energie-preisentwicklungPDF_5619001.pdf?__blob=publicationFile,10.09.14

Abbildung 3-1 Reale Preise für Erdöl 1995 – 2030, in EUR(2000)/GJ[10]

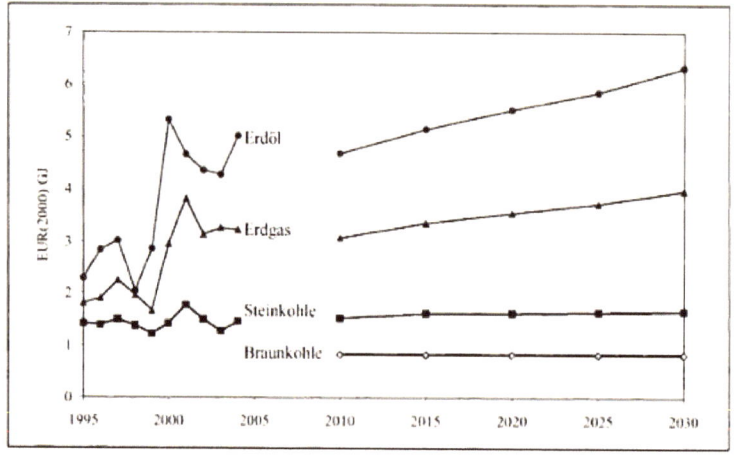

Abbildung 3-2 Preisindizes, Einfuhrpreise Erdöl 2010 = 100[11]

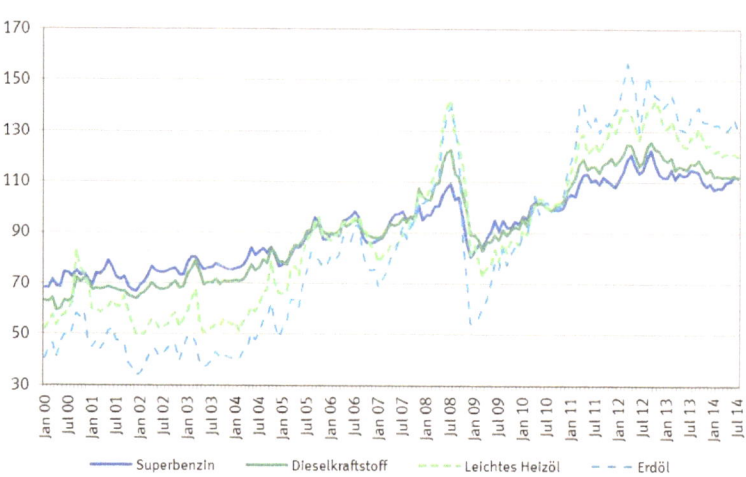

Superbenzin — Dieselkraftstoff — Leichtes Heizöl – – Erdöl

Bei Erdöl ist zu erkennen, dass die Einfuhrpreise ständig Schwankungen unterliegen. Außerdem ist ein steigender Trend für die Einfuhrpreise bei Erdöl erkennbar.

---

[10]Vgl., Oldenburg Industrieverlag Die Entwicklung der Energiemärkte bis zum Jahr 2030, (2005)
[11]Vgl., https://www.destatis.de/DE/Publikationen/Thematisch/Preise/Energiepreise/Energie-preisentwicklungPDF_5619001.pdf?__blob=publicationFile,11.09.14

3.3 Beispiel Tankstelle in Deutschland

Die Tankstellen in Deutschland müssen ihre Kraftstoffpreise täglich anpassen, weil auf dem Mineralölmarkt der Rohölpreis sich ständig verändert. Der Rohölpreis richtet sich nach Angebot und Nachfrage. Das bedeutet, die Nachfrage steigt, so wird der Rohölpreis auch steigen, wenn es aber einen Angebotsüberschuss gibt wird der Preis für Rohöl sinken. Außerdem beeinflussen die OPEC- und die Non OPEC- Länder, wie stark der Rohölpreis steigt oder sinkt. In Folge dessen, wird die Produktion hochgefahren oder gedrosselt.

Abbildung 3-3 Preisanteile bei 154,9 Cent/l Superbenzin[12]

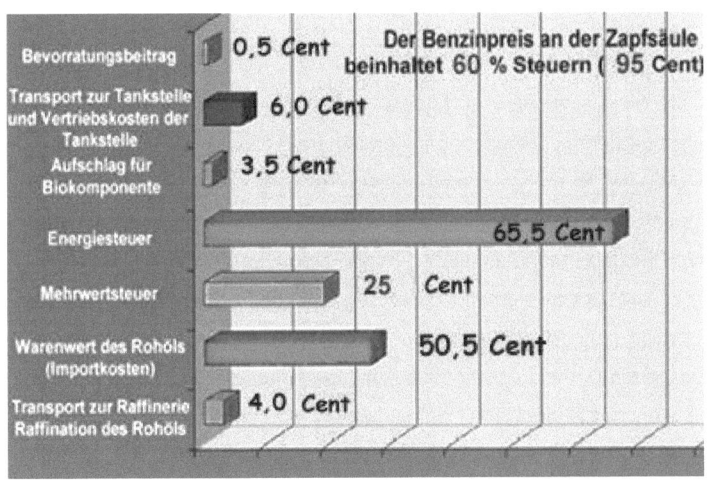

Ausgehend von der Grafik, sind 95% des Preises für Superbenzin durch die Beschaffungskosten für das Produkt und durch staatliche Abgaben festgesetzt.

3.3.1 Steuern und Abgaben für Kunden

Es gibt für Endverbraucher an den Tankstellen Steuern und Abgaben die Sie zahlen müssen. Darum sind die Verbraucher gereizt, wenn z.B. die Energiesteuer angehoben wird.

---

[12] Vgl., http://www.ed-info.de/tankstellen/tankstellen_preise.htm,11.09.14

Andere Steuern für Endkunden sind:

➢ Die Ökosteuer

Sie ist eine Abgabe, die den Zweck hat, über den Preis Umweltbelastungen zu verringern[13].

➢ Die Mehrwertsteuer

Sie wird auch Umsatzsteuer genannt und diese Abgabe besteuert die Wertschöpfung[14].

➢ Energiesteuer

Die Energiesteuer regelt die Besteuerung von fossilen Brennstoffen als auch der regenerativen Energiequellen[15].

3.3.2 Unterschiede zwischen Tankstellen

Es gibt die Mineralölkonzerne, Mineralölhändler und die Supermärkte, die Tankstellen betreiben. Die unabhängigen Mineralölhändler wie z.B. die „Deutsche BP AG" haben meistens eine bessere Kostenstruktur als die Mineralölkonzerne. Infolge dessen können Sie Ihre Produkte kostengünstiger am Markt absetzen. Die Supermarkttankstellen haben eine noch bessere Kostenstruktur. Folglich liegt der Supermarkt in der Regel auf der grünen Wiese und dessen Tankstelle befindet sich somit auf einem sehr günstigen Grundstück mit sehr preiswerten Grundstückskosten. Auch die Öffnungszeiten sind nicht unerheblich weil, der Supermarkt Personalkosten einspart und diese Vergünstigung an seine Kunden an den Tankstellen weiter geben kann[16].

3.4 Aussicht

Tankstellen in Deutschland sind tagtäglich aufs Neue einem Konkurrenzkampf ausgesetzt. Somit sind die Tankstellenmargen die schlechtesten in der Eurozone. Mit der Weiterentwicklung der Technik, wird die Vernetzung immer besser und daher können Daten über Preise schneller ausgetauscht werden. Im Endeffekt kann somit zeitnah auf eine Preisveränderung reagiert werden.

.

---

[13] Vgl., http://wirtschaftslexikon.gabler.de/Definition/oekosteuer.html,11.09.14
[14] Vgl., http://www.gruenderszene.de/lexikon/begriffe/mehrwertsteuer,11.09.14
[15] Vgl., http://wirtschaftslexikon.gabler.de/Definition/energiesteuer.html,11.09.14
[16] Vgl., http://www.ed-info.de/tankstellen/tankstellen_preise.htm,11.09.14

4. Fazit / Zusammenfassung

4.1 Erdölförderung

Die weltweite Erdölförderung war im Jahr 2007 ca. 3,88 Gt. Global wurden seit Anfang der industriellen Erdölförderung insgesamt 151 Gt Erdöl gefördert, wobei 50 % allein in den vergangenen 20 Jahren gewonnen wurde. Die geförderte Menge hat jetzt schon die verbleibenden Ressourcen überschritten. Die Weltweit bekanntesten Förderregionen sind z.B. Nordamerika, die GUS und der Nahe Osten (Dubai, Saudi Arabien usw.). In Zukunft wird die Förderung von Offshore-Erdölfeldern (Ölplattformen in Gewässern/Meer) zunehmen[17].

Abbildung 4-1 Beispiel einer Ölplattform[18]

---

[17] Vgl., http://www.regenerative-zukunft.de/fossile-energien-menu/erdoel,12.09.14

[18] Vgl., http://de.wikipedia.org/wiki/Nordsee%C3%B6l#mediaviewer/File:11-09-fotofluege-cux-allg-25a.jpg,12.09.14

4.2 Vorteile und Nachteile von Erdöl

Zusammenfassend gibt es hier noch eine Übersicht zu den Vor- und Nachteilen von Erdöl

Tabelle 4-1 Pro und Contra[19]

Vorteile	Nachteile
➤ „Flüssiger, mobil einsetzbarer Brennstoff und somit schwer ersetzbar" ➤ „Große Reichweite der nicht konventionellen Erdölvorkommen (Reserven und Ressourcen)"	➤ „Erdöl hat nach Kohle die zweit höchsten Treibhausgasemissionen" ➤ „Erdöl ist ein endlicher Rohstoff" ➤ „Reichweite von Erdölreserven ist kleiner als 50 Jahre" ➤ „Erdölvorkommen sind ungleichmäßig verteilt → Konfliktpotential" ➤ „Erdölgewinnung aus nicht konventionellen Ölvorkommen erfordert hohen Energieaufwand" ➤ „Feinstaubbelastungen und Schadstoffausstoß" ➤ „Für Deutschland gilt, eine sehr große Importabhängigkeit"

Die Nachteile überwiegen gegenüber den Vorteilen. Somit sind Alternativen zum Erdöl sehr wichtig.

---

[19] Vgl., http://www.regenerative-zukunft.de/fossile-energien-menu/erdoel, 12.09.14

4.3 Alternativen zum Erdöl

Wie bereits schon erwähnt, werden Alternativen zum Erdöl immer wichtiger. Regenerative Energiequellen bzw. erneuerbare Energieträger sind die beste Alternativen.

Beispiele dafür sind:

> Sonnenenergie
> Windenergie
> Bioethanol
> Wasserkraft
> Geothermie (Erdwärme)

Abbildung 4-2 Beispiel Windenergie[20]

---

[20] Vgl., http://www.sueddeutsche.de/wirtschaft/alternativen-zu-benzin-kerosin-und-polyester-wie-spinnen-und-drachen-erdoel-ersetzen-sollen-1.1830483-2, 12.09.14

4.4 Energiepreise für Erdöl in der Zukunft

Es gibt 2 mögliche Szenarien für die Energiepreise für Erdöl in der Zukunft..
Entweder gibt es einen Preisverfall oder einen explosionsartigen Preisanstieg.

Hier ist ein Beispiel für einen Preisanstieg. Wenn dies der Fall sein sollte, dann
führt es im Jahre 2019 zu einer Ölknappheit.

Abbildung 4-3 Peak Oil Barometer, Szenarien (2014 - 2019)[21]

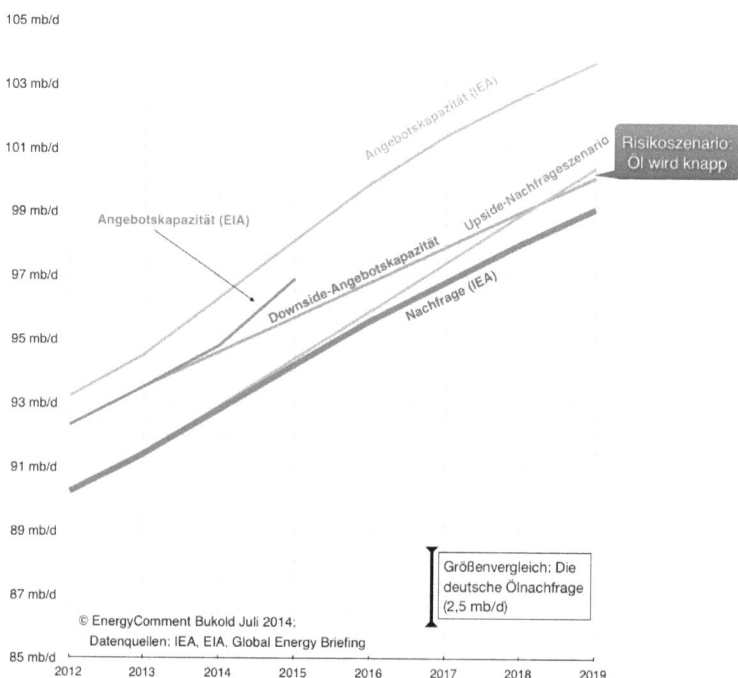

---

[21] Vgl., http://www.peak-oil.com/peak-oil-barometer/,13.09.14

Abbildung 4-4 2 mögliche Szenarien (1987 – 2040) $/Barrel[22]

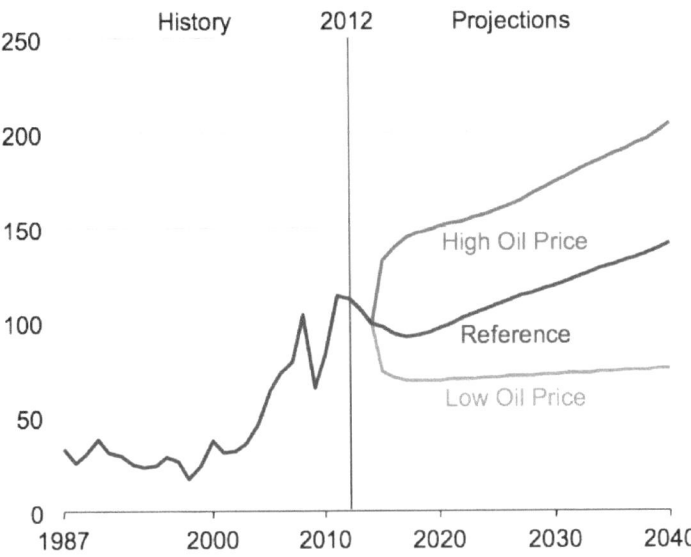

Wenn der Preisverfall zutrifft, so wird der Ölpreis ca. 75 $/Barrel betragen. Beim Hochpreisszenario steigt der Ölpreis bis zum Jahre 2040 auf über 200 $/Barrel.

---

[22] Vgl., http://www.peak-oil.com/wp-content/uploads/2013/12/Preisszenarien-EIA-2014.jpg,13.09.14

Anhang

Abbildung 4-5 Hochsee-Windpark[23]

Abbildung 4-6 Wasserkraft[24]

---

[23] Vgl., http://bilder.t-online.de/b/68/26/23/42/id_68262342/610/tid_da/in-ihrer-simulation-ge-hen-die-forscher-von-windparks-mit-zehntausenden-von-turbinen-aus.jpg,14.09.14
[24] Vgl., http://ecosetter.com/wp-content/uploads/2012/07/Wasserkraft-2.jpg,14.09.14

Literaturverzeichnis

1. http://bilder.t-online.de/b/68/26/23/42/id_68262342/610/tid_da/in-ihrer-simulation-gehen-die-forscher-von-windparks-mit-zehntausenden-von-turbinen-aus.jpg

2. http://books.google.de/books?id=0GG482FbL9sC&pg=PA469&lpg=PA469&dq=4.1-2+Re-ale+Preise+f%C3%BCr+Erd%C3%B6l+1995+%E2%80%93+2030,+in+EUR%282000%29/GJ&source=bl&ots=c-fL4yyVP9&sig=izOu-EjZsqdC5FJNillUqKjQtw34&hl=de&sa=X&ei=8ogRVLiP-FqriywP864Aw&ved=0CCEQ6AEwAA#v=onepage&q=4.1-2%20Re-ale%20Preise%20f%C3%BCr%20Erd%C3%B6l%201995%20%E2%80%93%202030%2C%20in%20EUR%282000%29%2FGJ&f

3. http://de.statista.com/statistik/daten/studie/1691/umfrage/preis-fuer-einen-liter-diesel-monatsdurchschnittswerte/

4. http://de.wikipedia.org/wiki/Barrel

5. http://de.wikipedia.org/wiki/Erd%C3%B6lgewinnung#Zukunft

6. http://de.wikipedia.org/wiki/Nordsee%C3%B6l#mediaviewer/File:11-09-fotofluege-cux-allg-25a.jpg

7. http://ecosetter.com/wp-content/uploads/2012/07/Wasserkraft-2.jpg

8. http://wirtschaftslexikon.gabler.de/Definition/energiesteuer.html

9. http://wirtschaftslexikon.gabler.de/Definition/oekosteuer.html

10. http://wirtschaftslexikon.gabler.de/Definition/preis.html

11. http://www.bgl-ev.de/images/downloads/initiativen/dieselpreisinformation_tankstelle.pdf

12. http://www.bgr.de/rohstoffportal_sgd/energierohstoffe_erdoel_erdgas.shtml

13. http://www.bmbf.de/de/19943.php

14. http://www.ed-info.de/tankstellen/tankstellen_preise.htm

15. http://www.energie-krise.eu/erneuerbare_energien.html

16. http://www.erdoelfrei.de/

17. http://www.erdoel-vereinigung.ch/UserContent/Shop/Erd%C3%B6l%20-%20Entstehung.pdf

18. http://www.gruenderszene.de/lexikon/begriffe/mehrwertsteuer

19. http://www.hanisauland.de/lexikon/m/mehrwertsteuer.html

20. http://www.nabu.de/themen/verkehr/alternativekraftstoffean-triebe/02931.html

21. http://www.peak-oil.com/peak-oil-barometer/

22. http://www.peak-oil.com/wp-content/uploads/2011/01/peak-oil-baro-meter-august-2014.jpg

23. http://www.peak-oil.com/wp-content/uploads/2013/12/Preisszenarien-EIA-2014.jpg

24. http://www.planet-wissen.de/natur_technik/energie/erdoel/

25. http://www.regenerative-zukunft.de/fossile-energien-menu/erdoel

26. http://www.seilnacht.com/Lexikon/erdoel.html

27. http://www.sueddeutsche.de/wirtschaft/alternativen-zu-benzin-kerosin-und-polyester-wie-spinnen-und-drachen-erdoel-ersetzen-sollen-1.1830483-2

28. http://www.technikatlas.de/~tb5/link1_erdoel_allgemein.htm

29. http://www.tecson.de/oelweltmarkt.html

30. http://www.thomas-seltmann.de/erdoel.html

31. http://www.wallstreet-online.de/ratgeber/auto-und-motor/autos/bio-ethanolwerk-eine-alternative-zum-erdoel-gefunden

32. http://www.wirtschaftslexikon24.com/d/energiekosten/energiekos-ten.htm

33. http://www.zeit.de/wirtschaft/2010-09/50-jahre-opec

34. https://www.destatis.de/DE/Publikationen/Thematisch/Preise/Energie-preise/EnergiepreisentwicklungPDF_5619001.pdf?__blob=publication-File